PROCÈS

DE

M. L'Abbé MASSON,

EX-VICAIRE DE FLERS,

ACTUELLEMENT DESSERVANT DE FEL.

5. FÉVRIER 1831.

PARIS.

IMPRIMERIE DE PIHAN DELAFOREST (MORINVAL);
RUE DES BONS-ENFANS, N°. 34.

1831.

PROCÈS

DE

M. L'Abbé MASSON,

EX-VICAIRE DE FLERS,

ACTUELLEMENT DESSERVANT DE FEL.

La Cour royale de Caen, chambre des mises en accusation, avait renvoyé devant la Cour d'assises de l'Orne, M. Masson (Pierre-Jean-Marin), sous la prévention d'avoir 1o. critiqué un acte du ministère public, et 2o. excité à la haine et au mépris du gouvernement du roi ; prévention fondée sur les assertions de plusieurs témoins, dont nous nous abstenons de publier la déposition et les noms, déjà trop connus, qui avaient pris pour prétexte de leurs dénonciations, le discours que ledit Masson avait prononcé le 19 décembre 1830.

Voici les noms des jurés qui ont été reconnus pour juges dans cette affaire.

MM.

1°. Hébert d'Hauteclair (Nicolas-Pierre), propriétaire à Alençon.
2°. Bellenger , propriétaire à Alençon.
3°. Delente (Georges), propriétaire à Bellesme.
4°. Vienne (Romain), maître de poste à Nonant.
5°. Guillin (Réné), marchand de draps à Bellesme.
.6°. Du Temple de Beaujeu, propriétaire à Bellou sur Huisne.

7°. Fouquet aîné (Réné-Philippe), receveur de l'hospice à Séez.

8°. Terrin (André), propriétaire à Verrières.

9°. Le Noir de Lenchal (Louis-François-Bernard), chevalier de Saint-Louis, propriétaire à Semallé.

10°. Le Veneur (Le Baron), maire à Saint-Martin Léguillon.

11°. Le Boucher (Augustin), tuilier à la Ferté-Mâcé.

12°. Dorbec (Pierre), dit La Boulaye , propriétaire à Gauville.

Une foule nombreuse et très intéressante remplit les tribunes et la salle pendant toute la durée des débats , qui se prolongèrent depuis dix heures du matin jusqu'à sept heures et demie du soir.

Après l'audition de vingt-un témoins à charge et à décharge ; après le réquisitoire de M. Chéradame, procureur du roi à Alençon, par lequel il a soutenu vigoureusement l'accusation, en défendant avec éloquence les principes de la déclaration de 1682 et du concordat de 1801, le prévenu demande la parole et s'exprime en ces termes :

« Honorables dépositaires de la justice, interprètes fidèles de cette Charte qu'un roi qui s'honore du titre de citoyen français a juré devoir être désormais une vérité, c'est avec plaisir que je viens aujourd'hui, par vos ordres, faire ma profession de foi sur le plus beau présent de cette Charte, sur cette sainte liberté que j'ai saluée de mes vœux les plus ardens, dès que je l'ai entendu nommer, et que j'ai accueillie avec un enthousiasme inexprimable, dès le premier instant de sa venue, ou autrement de son insertion dans la loi fondamentale.

» Je suis seulement étonné, Messieurs, et je ne le suis pas seul, de paraître ici comme accusé, tandis que je crois avoir droit au glorieux témoignage d'avoir bien mérité de ma patrie.

» En effet, n'ayant jamais pu me résoudre à avoir peur d'une révolution que j'ai toujours vue conduite par le doigt de Dieu, et que tant de personnes mal informées ne pouvaient envisager qu'en tremblant, comme si 1830 eût été 93 ; ne pouvant voir dans nos jeunes libéraux du dix-neuvième siècle les cannibales du dix-huitième siècle, comme certains myopes d'une nouvelle espèce, je n'ai point cru que la France était venue de nouveau déclarer la guerre à Dieu. J'ai continué de remplir, comme à l'ordinaire, la mission honorable qui m'était confiée.

» J'ai même fait plus, Messieurs.

» Croyant que la foi et la liberté n'étaient pas si ennemies que trop de personnes l'ont pensé, j'ai tenté de les réconcilier ensemble, en présence des fidèles catholiques confiés à mes soins ; persuadé qu'il suffisait à ces deux admirables sœurs de se connaître pour s'aimer.

» J'ai donc tracé de mon mieux l'histoire abrégée de la foi et de la liberté ; et pour dissiper les préventions qu'une infinité d'honnêtes gens avaient conçues contre celle-ci, j'ai expliqué simplement, devant un nombreux et respectable auditoire, ces deux articles de la charte éternelle du genre humain : *foi et liberté*.

» Après avoir dit, en maintes rencontres, en qualité de citoyen français, à mes paroissiens, que si l'étranger menaçait d'envahir notre territoire, ils devaient tous, au nom de Dieu et de la liberté, voler à la défense de la patrie et présenter une barrière de fer à l'ennemi ; je leur rappelle, comme ministre de Dieu, les lois divines qui nous obligent tous à prier pour le roi et tous les hommes qui nous gouvernent, à les aimer, à les honorer, à leur obéir. Je leur dis que nous étions tous frères, non seulement comme chrétiens, mais encore comme citoyens de la même patrie, quelle que fût la différence de nos opinions.

» Cependant qu'arrive-t-il ?

» Tous mes auditeurs accueillent avec la plus vive satisfaction les paroles d'un homme qu'ils connaissent d'avance comme un véritable ami de son pays, excepté pourtant deux ou trois Messieurs qui, peu accoutumés au langage de la vérité, et étonnés sans doute, qu'une part de la liberté promise à tous les citoyens, puisse être réclamée par les ministres et les serviteurs de l'Homme-Dieu, du libérateur de tous les hommes, s'imaginent devoir faire les sténographes ; et ne pouvant sans doute lire leur écriture, croient voir que tout ce que je n'ai dit que pour faire aimer nos institutions ne respire que la sédition et la désobéissance aux lois. Dans leur émoi, ils font et font faire le tapage, et rencontrant par un heureux hasard M. le juge d'instruction d'Argentan, ils s'empressent de lui dénoncer le conspirateur et le séditieux.

» Le bruit d'une dénonciation aussi perfide et aussi mensongère répand aussitôt la consternation dans les deux communes, Chamboy et Fel, dont presque tous les habitans ont entendu mon discours ; on se hâte de m'apprendre une perfidie que je ne pouvais croire, après les témoignages d'estime et de considération que ces messieurs m'avaient donnés mille fois.

» Forcé enfin de croire à un bruit, qui d'abord me paraissait absurde, je pris le parti de rester parfaitement tranquille, persuadé que la sagesse des magistrats auxquels est confié le dépôt de la justice, saurait la rendre à qui elle appartient.

» Mon but, Messieurs, n'est pas de vous faire voir l'absurdité des divers chefs de l'accusation portée contre moi.

Les hommes honorables que leur amour pour la justice et l'innocence a portés à se charger de ma défense, rempliront cette tâche beaucoup mieux que moi.

» Souffrez seulement, Messieurs, que je rappelle, en peu de mots, quelques faits antérieurs à celui-ci, et que je fasse connaître à votre justice celui sur lequel vous êtes appelés à prononcer une sentence, qui, j'en ai la confiance, lui sera glorieuse. Je ferai en sorte de ne pas abuser de votre indulgence, et j'espère que vous voudrez bien aussi prendre en considération mon peu d'habitude pour de tels débats.

» Lorsqu'après mes études théologiques, il me fallut accepter l'honorable et redoutable mission d'apôtre et de prêtre de Jésus-Christ, je sentis tout le poids du fardeau qui m'était imposé et auquel je soumis volontairement mes épaules ; je ne me dissimulai pas que je faisais à Dieu et aux hommes le sacrifice entier de moi-même : je tremblai, mais je me souvins de cette divine parole : *Jugum meum suave est, et onus meum leve.* J'avais alors vingt-quatre ans.

» Je fus envoyé à Flers, où l'on me promettait beaucoup de travail, que je ne redoutai pas, parce qu'il devait tourner à l'avantage de ceux que je chérissais déjà, sans les connaître par moi-même.

» Messieurs, il m'en coûte de le dire, mais puisqu'il est utile pour ma défense, lorsque l'ordre de mon supérieur m'obligea de quitter ce pays, où je n'avais fait que passer, pour ainsi dire, j'eus l'honneur d'emporter l'estime, l'amour et les regrets de quatre mille habitans qui en formaient toute la population. Je vis couler à mon départ les larmes des vieux guerriers, des braves défenseurs de la patrie, des enfans du général Hoche.

» Je fus ensuite nommé à Fel, où je me hâtai d'aller, malgré la peine que j'éprouvais de quitter de si nombreux amis, et quoique je n'eusse jamais entendu parler de cette dernière commune.

» Cependant une multitude de compagnons d'études, de vieux et jeunes amis, qui savaient, avant moi, le lieu qui m'était destiné, vinrent à l'envi m'adresser leurs doléances, et me dire que quelques vieux restes d'iconoclastes de 93 me donneraient, dans cette commune, beaucoup de fil à retordre; mais je leur répondis :

« Je crains Dieu, *chers amis*, et n'ai point d'autre crainte. »

» Néanmoins, j'ai pu me flatter d'avoir obtenu, dans ce pays, l'estime, le respect et l'amour de tous mes paroissiens, sans excepter même ceux qui, dans un moment d'aliénation, ont eu le malheur de porter contre moi des accusations mensongères.

» Peu après la révolution de juillet, quelques personnes infiniment recommandables, mais trop timides, selon moi, me dirent : « Prenez garde à vous; mille bruits absurdes circulent contre les prêtres ; ces messieurs font entendre des menaces ; ils ont envie de vous faire taire ; ne prêchez pas. » Je répondis à ces personnes : « N'ayez pas plus peur que moi, laissez-moi agir, je ferai mon devoir. »

» Grâces à Dieu, je ne connais pour ennemis que les ennemis de Dieu, les ennemis de Jésus-Christ, les ennemis de la croix ! Quel honneur pour nous, chers habitans de Fel, d'avoir de tels ennemis ! Ne savez-vous pas que celui qui est mort sur la croix a vaincu le monde !

» Et puis je me suis rappelé ces paroles d'un grand homme qui eut aussi le malheur d'être roi : *Vidi impium superexalta-*

tum et elevatum sicut cedros Libani; et transivi et ecce non erat, et quæsivi eum, et non est inventus locus ejus. (Ps. 36.)

« J'ai vu l'impie adoré sur la terre.
» Pareil au cèdre, il portait dans les cieux
» Son front audacieux.
» Il semblait à son gré gouverner le tonnerre,
» Foulait aux pieds ses ennemis vaincus.
» Je n'ai fait que passer, il n'était déjà plus. »

(*Esther*, acte V, scène dernière.)

« Cependant, Messieurs, je n'ai point eu peur. J'ai fait mon devoir, et je le ferai toujours avec la grâce de Dieu. Voilà l'homme libre, voilà le prêtre de Jésus-Christ. Que ceux qui ne le savaient pas l'entendent. Voilà l'homme qui heureusement pour lui paraît devant des juges remplis de sagesse et de justice.

» Voilà le citoyen français; car vous le savez avant moi, Messieurs, c'est à ce titre seul que vous avez droit de me juger.

» Aussi, je ne crains pas de le redire, plein de confiance dans votre sagesse et votre impartialité, j'attendrai votre sentence avec respect et sécurité. »

Ces paroles ayant été écoutées avec attention et accueillies par des signes approbatifs, Me. Berryer-Fontaine (Louis-Cyrille, avocat d'Argentan, défenseur du prévenu, prend la parole et s'exprime ainsi :

MESSIEURS LES JURÉS, MESSIEURS,

Portant, pour la première fois, la parole devant vous, chargé de présenter la défense d'un prêtre accusé d'avoir excité à la haine et au mépris du gouvernement du roi, d'avoir critiqué les lois de l'État, et d'avoir censuré les actes de l'autorité publique, je devrais peut-être commencer par vous faire ma profession de foi.

» Je l'aurais dû, surtout si j'eusse eu à défendre quelqu'un de ces vieux suppôts du despotisme, restés stationnaires malgré les progrès de la civilisation, et qui, méconnaissant l'esprit et les institutions de notre époque, croient encore pouvoir faire revivre des doctrines usées, que le libéralisme a renversées de fond en comble; quelqu'un de ces hommes que l'expérience n'instruit pas, et qui voudraient reconstruire le vieux régime sur ses pieds vermoulus, et nous faire reculer de deux siècles.

» Mais telle n'est pas aujourd'hui ma position : l'abbé Masson, je suis heureux de pouvoir le dire, appartient à la nouvelle France : comme nous, il a appris à connaître la liberté; comme nous, il en a senti tout le prix; et en vous présentant sa justification, nous nous associerons, en quelque sorte, à ses pensées; et c'est en vous en développant les conséquences, que nous espérons vous démontrer, plus clair que le jour, que son intention a toujours été pure, et ses paroles exemptes de blâme.

» Toutefois, Messieurs, la matière que je vais avoir à traiter est tellement délicate, qu'on ne saurait l'aborder sans crainte; j'ignore par quel hasard celui que je dois appeler le prévenu a jeté les yeux sur moi pour m'imposer cette charge bien au-dessus de mes forces; par quel motif il a persisté à m'en laisser le poids malgré les sollicitations que je lui ai faites de choisir un défenseur parmi les nombreux talens qui décorent ce barreau, et qui, plus habitués à ces sortes de débats, s'en seraient acquittés beaucoup mieux que moi; mais si le prévenu ne doit pas compter sur mes forces, il peut du moins compter sur mes efforts ; et, j'aime à l'espérer, Messieurs, votre bienveillance rendra ma charge plus légère, et, partagée avec le sincère ami qui m'accompagne (1), et qui veut bien me prêter l'appui de sa vive éloquence, elle devient pour moi, je dirais presque, agréable à porter.

» C'est ici le moment de combattre une prévention que quelques personnes auraient pu concevoir contre mon client à raison de l'habit qu'il porte ; et d'abord, j'en dois convenir franchement, sous le gouvernement déchu, quelques ecclésiastiques ambitieux, oubliant leur noble mission, semblaient n'avoir compris le titre de ministres des autels que comme un moyen de parvenir au pouvoir ; dans leur aveuglement ils avaient consenti à devenir esclaves, à condition de devenir tyrans à leur tour ; ils voulaient bien prêter à l'État leur appui, pour lui aider à renverser nos libertés publiques ; bien résolus, lorsque l'ennemi commun serait abattu, de combattre et de renverser l'État lui-même pour y substituer l'Église.

L'existence de ce parti, que quelques écrivains courageux ont poursuivi et dénoncé sous le nom de parti-prêtre, ne saurait être aujourd'hui révoquée en doute ; c'est lui qui a poussé Charles X aux voies extrêmes qui l'ont précipité du trône ; et si quelqu'un, après tout ce qui s'est passé, était encore assez aveuglé pour ne pas l'apercevoir, l'émigration de certains évêques courtisans, qui aimaient naguère à respirer l'air empoisonné des cours, et qui ont fui l'air pur d'un pays libre, suffirait pour le démontrer.

Mais aujourd'hui que ce parti est abattu sans retour, il

____

(1) M^e. Levé, avocat à Alençon, accompagnait M^e. Berryer dans cette affaire ; mais le ministère public n'ayant pas répliqué, il n'a pas porté la parole.

serait souverainement injuste de rendre tous les ministres de la religion catholique, et cette religion elle=même, solidaires et responsables des intentions criminelles de quelques-uns d'entre eux : la liberté que la révolution de juillet nous a restituée, est pleine et entière, elle est pour tous ; pour le prêtre comme pour le laïc, pour le magistrat comme pour le simple citoyen ; pour le catholique comme pour le protestant ; pour l'adorateur du prophète, comme pour l'adorateur du Christ. Voilà la liberté telle que je l'entends ; voilà la liberté telle que la Charte nous l'a donnée ; voilà la liberté telle que tout homme impartial et juste doit la comprendre.

Cependant, Messieurs, est-ce ainsi que tout le monde l'a comprise ? Je le dis à regret : non, malheureusement non. Combien n'en est-il pas qui ont conservé contre la religion catholique une funeste et injuste prévention, et si l'on ne saurait méconnaître qu'il a réellement existé un parti-prêtre, dont le but était l'asservissement des peuples, pourrait-on aujourd'hui méconnaître qu'il a aussi existé, et qu'il existe encore, un parti anti-catholique dont le but est le renversement de cette religion ? Ils oublient, sans doute, ceux qui composent ce parti, car, avant tout, il faut être juste envers tout le monde ; ils oublient que c'est cette religion qui a tiré l'Europe de la barbarie dans laquelle elle était plongée ; mais sans remonter si haut, et pour ne citer que ces deux exemples, ils oublient que c'est elle qui vient de montrer la liberté aux Belges, et qui fait trembler en ce moment le vieux despotisme de la religion anglicane qui opprime l'Irlande.

Quoi qu'il en soit, tant que ce parti restera dans les voies légales, tant qu'il n'emploiera pas des moyens illicites pour arriver à son but, personne n'aura le droit de se plaindre de son existence ; car toutes les opinions sont libres : mais malheur à la France si ce parti, devenu trop puissant, voulait abuser de ses forces et opprimer ses adversaires ; de ce jour-là, la liberté aurait disparu de notre belle patrie ; et la persécution, la hideuse persécution, fille de l'affreux despotisme, l'aurait renversée de son trône pour s'asseoir à sa place.

» Vous aurez, Messieurs les jurés, à peser dans vos consciences, à apprécier dans votre haute sagesse, si les témoins administrés par le ministère public contre l'abbé Masson, ceux-là mêmes qui l'ont dénoncé, n'appartiennent point à ce parti, ne sont point dominés par cette funeste prévention, et si leurs témoignages sont marqués au coin de cette noble impartialité qui emporte l'assentiment universel. »

Me. Berryer donne ici lecture de la plainte du maire de la commune, dans laquelle ce fonctionnaire veut insinuer que c'est par dérision que le desservant de Fel aurait habillé à ses frais un garde national, en même temps sacristain de la paroisse, et qu'il l'aurait admis sous cet habit à lui servir la messe.

Il examine ensuite sous un point de vue général quels sont les moyens de reconnaître la culpabilité d'un discours, et il établit qu'il faut le voir dans son ensemble pour juger de son esprit, et qu'il serait souverainement injuste et dangereux de former son opinion sur quelques phrases détachées.

Puis il continue en ces termes :

« C'est surtout dans ces sortes de délits, MM. les jurés, que votre pouvoir s'aggrandit, et que l'on peut, sans crainte, proclamer votre *omnipotence*. En effet, il ne s'agit pas, comme dans les délits ordinaires, de constater la matérialité d'un fait, si l'on peut s'exprimer ainsi ; il faut dans ceux-ci pénétrer jusqu'au fond de la pensée du prévenu, il faut sonder ses intentions les plus secrètes ; si elles ont été coupables, il faut les punir ; mais si votre conscience vous dit que la sienne a toujours été pure, vous vous empresserez de proclamer son innocence. »

Me. Berryer donne ici lecture du sermon de l'abbé Masson, qui se justifie de lui-même, et qui est le meilleur plaidoyer que l'on puisse faire pour le prévenu : toutes les précautions ont été prises, indépendamment de la foi due à son auteur, pour en assurer l'identité.

L'orateur examine ensuite en détail, et justifie chacun des articles incriminés : nous nous bornerons à citer un passage de son discours sur les prétendues libertés de l'Église gallicane, et la déclaration des évêques de France, de 1682.

« Un seul article de cette déclaration a trait au droit public, c'est celui qui consacre le principe que le pouvoir temporel des rois ne dépend point du pouvoir spirituel des papes.

» Mais ce principe qui n'avait pas besoin de la déclaration de 1682 pour exister, a-t-il été contredit par l'abbé Masson ? a-t-il professé une doctrine contraire ?.... Non.... Tout son discours est rempli de cette doctrine ; partout il apprend aux chrétiens à exécuter les lois ; partout il leur rappelle cette belle parole du fondateur de leur religion : « Mon royaume n'est » pas de ce monde : *regnum meum non est de hoc mundo...* »

» Mais ce principe ne servait en quelque sorte que de marchepied pour arriver à la doctrine du droit divin des rois, et fouler aux pieds la souveraineté des peuples. Pesez bien ces expressions que contient la déclaration de 1682 : « Que toute personne soit soumise aux puissances supé- » rieures ; car il n'y a point de puissance qui ne vienne de » Dieu, et c'est lui qui ordonne celles qui sont sur la terre. » Celui donc qui s'oppose aux puissances résiste à l'ordre de » Dieu... » Ce passage n'est-il point encore assez clair ? Le grand despote va se charger lui-même de vous en donner le commentaire. Voici comme Louis XIV s'en explique dans le préambule de son ordonnance : « Bien que l'indépen- » dance de notre couronne de toute autre puissance que de » Dieu, soit une vérité certaine et incontestable, et établie » sur les propres paroles de Jésus-Christ, nous n'avons pas » laissé de recevoir avec plaisir la déclaration, etc. »

» Voilà le vrai motif de la prédilection de Louis XIV pour la déclaration de 1682. Il avait asservi les peuples par la terreur et la force de ses armes ; son ambition n'était pas encore satisfaite, car un despote est insatiable de pouvoir, il voulut encore resserrer leurs chaînes par l'alliance mons- trueuse du pouvoir spirituel avec le pouvoir temporel :

. . . .

lorsque les ministres de son despotisme auront imbu les peu- ples de cette doctrine que la révolte, même la plus légitime, est un crime ; lorsque le fanatisme religieux viendra prêter son appui à la force de ses baïonnettes, sa tyrannie n'aura plus de bornes ; toutes les religions, hors la sienne, vont être persécutées, les protestans vont fuir avec leur industrie qui enrichissait la France. D'après la volonté du despote, « *on fera éprouver* (je me sers des expressions de son minis- tre) *les dernières rigueurs à ceux qui ne voudront pas se faire de sa religion.....* » Les *dragonnades* feront justice de ceux qui oseront résister.

» Partout, dans tous les temps, les mêmes doctrines ont produit les mêmes horreurs ; toujours les despotes ont suivi la même marche !

» Lorsque la Convention voulut opprimer les consciences, ce fut par la constitution du clergé : on connaît les fruits de cette fatale mesure..... Les massacres de septembre et le régime de la terreur.

» Napoléon lui-même, malgré la gloire de son règne, ne s'en garantira pas. Non content d'avoir courbé la France sous son sceptre de fer, il appellera à son secours la religion pour dominer par elle sur l'esprit des peuples ; désavouant son origine, il fera légitimer ses droits par l'Église, et bientôt il règnera aussi par la grâce de Dieu. Si son despotisme n'a pas été cruel, c'est que sa grande âme était inaccessible au fanatisme religieux ; mais si son sceptre, après lui, fût tombé entre les mains d'un prince imbécille ou superstitieux, les plus grands malheurs auraient menacé la France. Heureusement pour elle que seul il pouvait le porter : il fut brisé dans sa chute.

» A la restauration, la doctrine du droit divin va reparaître dans toute sa *pureté*, tantôt plus hardie, tantôt plus timide, et se cachant sous des dehors de liberté, comme pour y accoutumer les peuples ; la prudence de Louis XVIII saura la maintenir dans de justes bornes, et en arrêter les funestes conséquences.

» Mais à sa mort, elle ne se cachera plus ; Charles X ira prendre sa couronne sur l'autel ; quatre années avant les fatales ordonnances, en 1826, la date est précieuse, des évêques français confirmeront de nouveau la doctrine du droit

divin des rois.,.... L'histoire leur demandera compte de ce
nouvel acte de servilité. . . . .

. . . .

Partout où la puissance civile a réuni dans sa main la puissance spirituelle, cette alliance a produit les mêmes résultats;
c'est en vertu de ce droit divin que Charles IX faisait massa-
crer ceux que, dans le temps, on appelait les *Huguenots*, et
se faisait gloire, ô honte ! de tirer lui-même sur son peuple :
c'est encore en vertu de ce droit divin que Charles X faisait
mitrailler les héros des immortelles journées.

» Et l'on voudrait aujourd'hui faire revivre, comme loi
de l'État, un acte qui consacre cette pernicieuse doctrine?
Oh! non; nous n'avons pas jusque-là rétrogradé. Le Roi que
les Français ont élevé sur le pavois n'a pas répudié son origine. . . . . »

M^e. Berryer a terminé en ces termes :

« Nous avons parcouru successivement les différentes par-
ties de l'accusation, et nous croyons vous avoir démontré que
sous aucun rapport l'accusé n'était coupable; mais, Messieurs,
il vous reste encore un autre point à examiner : c'est par les
suites d'un acte que l'on en juge la moralité. Le discours
prononcé par l'abbé Masson a-t-il causé quelque trouble,
a-t-il amené quelque désordre? car tout délit suppose un
trouble apporté à l'ordre social. Les habitans de la commune
de Fel ont-ils accueilli avec des murmures, comme on a bien
voulu le dire, le sermon de leur pasteur; en sont-ils moins
attachés au gouvernement actuel, moins disposés à obéir aux
lois? Non : ils ont écouté le discours avec le plus profond
recueillement. Ceux qui pouvaient croire encore que le
gouvernement actuel n'aimait pas la religion, ce que peut-

être quelques jeunes imprudens se plaisent à répéter, y ont appris le contraire, car j'en croirai plutôt le bon sens d'une commune tout entière que l'esprit superficiel et trop subtil de quelques jeunes gens prévenus. Et si cette affaire a produit quelque scandale, c'est par eux que le scandale est arrivé.

» Quel est donc l'homme qu'on accuse? Est-ce un homme qui ait accueilli avec répugnance le nouvel ordre de choses? Est-ce un ami des priviléges et du despotisme? Non, sans doute, c'est un libéral par caractère et par conviction, un homme qui veut la liberté pour tous, et qui l'a accueillie avec des transports de joie......

» Mais laissons parler ceux qui sont plus à portée de le connaître. »

Ici M^e. Berryer produit un certificat signé d'une grande partie des principaux habitans de la commune.

« L'abbé Masson n'a qu'une voix sur son compte, et il invoquerait au besoin le témoignage de ceux-là mêmes qui l'ont dénoncé. Et s'il est vrai de dire que le jugement par jury soit le jugement du pays, votre décision ne sera pas douteuse, car déjà le pays a prononcé.

» Est-ce donc là l'homme, Messieurs les jurés, auquel la loi s'applique. Écoutez l'orateur du gouvernement qui présentait au corps législatif cette partie du Code pénal de 1810 :

» Cette matière, disait-il, est grave, sans doute ; et autant la société doit de reconnaissance et d'égards à ces pasteurs vénérables, dont les discours et l'exemple sont un constant hommage à la religion, aux mœurs et aux lois, autant elle doit s'armer contre ces hommes fanatiques ou séditieux, qui, au nom du ciel, voudraient troubler la terre, et n'invoqueraient la puissance spirituelle que pour avilir ou entraver l'autorité des lois et du gouvernement.

» Votre décision est dans ce peu de mots : Non, l'abbé Masson n'est point un fanatique, n'est point un séditieux, qui, au nom du ciel, ait voulu troubler la terre ; mais vénérable avant l'âge, il a prêché pour tous la paix, la tolérance, la concorde et la soumission aux lois.

» Une décision qui condamnerait un tel homme semblerait appartenir à une autre époque : en contristant le cœur de tous les honnêtes gens, elle serait, pour les ennemis de nos institutions, le sujet d'un double triomphe ; ils jouiraient secrètement de voir un libéral frappé par ceux qui partagent ses opinions ; et, d'une autre part, ils ne manqueraient pas de présenter votre décision comme une persécution de la religion catholique.

» Mais ils n'auront pas cette joie : une voix secrète, celle d'une profonde conviction, m'en donne l'assurance. Non, je ne me suis pas trompé ; non, vous ne vous tromperez pas, Messieurs les jurés ; non, il n'a pas censuré les lois et les actes de l'autorité publique, celui qui a prêché partout l'obéissance aux lois, la soumission aux autorités ; celui qui n'a vu dans la liberté chrétienne que le pouvoir de faire le bien ; celui qui a commandé le respect aux autorités, non seulement comme un devoir de citoyen, mais encore comme une obligation que la conscience impose à tous les chrétiens. Je ne saurais résister au désir de vous relire ce beau passage de son discours :

Cette liberté dispensait-elle de l'obéissance aux puissances de là terre ? Ah ! bien loin de là, « Rendez à César, disait le » Sauveur, ce que vous devez à César. » *Reddite quæ sunt Cæsaris, Cæsari.* « Soyez soumis, disait aussi le prince des » apôtres (I, Pet., 2, 13, 14, 17, 18), pour l'amour de

» Dieu, à tout homme qui a autorité sur vous, soit au ro
» comme au souverain, soit aux gouverneurs comme à ceu
» qui sont envoyés de sa part pour punir ceux qui font mal e
» pour traiter favorablement ceux qui font bien.... Ainsi
» rendez à tous l'honneur qui leur est dû ; aimez vos frères,
» craignez Dieu, honorez le roi ; et vous, serviteurs, soyez
» soumis à vos maîtres avec toute sorte de respect, non seu-
» lement à ceux qui sont bons et doux, mais à ceux qui sont
» rudes et fâcheux. »

» Non, il n'a pas provoqué à la haine et au mépris du gouvernement du Roi, celui qui a appelé ce gouvernement de ses vœux les plus ardens ; celui qui l'a salué à son avènement comme l'aurore de la liberté, comme le restaurateur de sa religion ; celui qui a appelé les bénédictions du ciel sur la tête d'un Roi chéri, qui règne pour le bonheur de ses peuples, et qui a engagé ses frères à prier avec lui. »

» Vous vous empresserez, MM. les jurés, de prononcer son absolution ; vous rendrez à la liberté celui qui l'a désirée pour tous ; vous rendrez aux pauvres leur meilleur ami ; vous rendrez un bon prêtre à des paroissiens désolés des poursuites qu'il éprouve, qui tous lui tendent les bras, qui l'accueilleront avec des transports de joie, en bénissant le nom de ses juges. »

A sept heures et demie du soir, M. le président déclare que les débats sont fermés. MM. les jurés, s'étant retirés, rentrent après une très courte délibération, et déclarent : « Non, le prévenu n'est pas coupable d'avoir excité à la » désobéissance aux lois, ni au mépris et à la haine du gou- » vernement du Roi. »

Cette déclaration est accueillie par de nombreux applaudissemens.